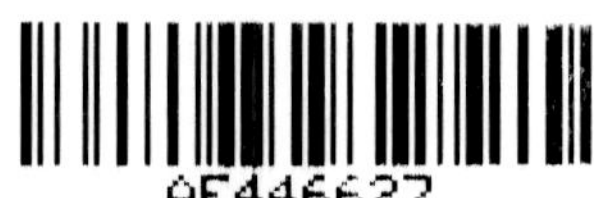
AF446627

www.ingramcontent.com/pod-product-compliance
Lightning Source LLC
Chambersburg PA
CBHW061336140726

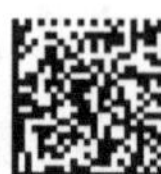

47997CB00003B/1002

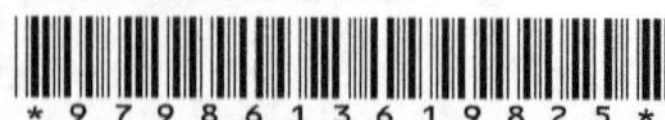